BEI GRIN MACHT SICH IHR WISSEN BEZAHLT

- Wir veröffentlichen Ihre Hausarbeit, Bachelor- und Masterarbeit

- Ihr eigenes eBook und Buch - weltweit in allen wichtigen Shops

- Verdienen Sie an jedem Verkauf

Jetzt bei www.GRIN.com hochladen und kostenlos publizieren

Bibliografische Information der Deutschen Nationalbibliothek:

Die Deutsche Bibliothek verzeichnet diese Publikation in der Deutschen Nationalbibliografie; detaillierte bibliografische Daten sind im Internet über http://dnb.d-nb.de/ abrufbar.

Dieses Werk sowie alle darin enthaltenen einzelnen Beiträge und Abbildungen sind urheberrechtlich geschützt. Jede Verwertung, die nicht ausdrücklich vom Urheberrechtsschutz zugelassen ist, bedarf der vorherigen Zustimmung des Verlages. Das gilt insbesondere für Vervielfältigungen, Bearbeitungen, Übersetzungen, Mikroverfilmungen, Auswertungen durch Datenbanken und für die Einspeicherung und Verarbeitung in elektronische Systeme. Alle Rechte, auch die des auszugsweisen Nachdrucks, der fotomechanischen Wiedergabe (einschließlich Mikrokopie) sowie der Auswertung durch Datenbanken oder ähnliche Einrichtungen, vorbehalten.

Impressum:

Copyright © 2017 GRIN Verlag, Open Publishing GmbH
Druck und Bindung: Books on Demand GmbH, Norderstedt Germany
ISBN: 9783668605015

Dieses Buch bei GRIN:

https://www.grin.com/document/385445

Manuela Durrer

Beweglichkeits- und Koordinationstrainingsplan, zwei Literaturrecherchen, Beweglickeitstestung

GRIN Verlag

GRIN - Your knowledge has value

Der GRIN Verlag publiziert seit 1998 wissenschaftliche Arbeiten von Studenten, Hochschullehrern und anderen Akademikern als eBook und gedrucktes Buch. Die Verlagswebsite www.grin.com ist die ideale Plattform zur Veröffentlichung von Hausarbeiten, Abschlussarbeiten, wissenschaftlichen Aufsätzen, Dissertationen und Fachbüchern.

Besuchen Sie uns im Internet:

http://www.grin.com/

http://www.facebook.com/grincom

http://www.twitter.com/grin_com

Deutsche Hochschule für
Prävention und Gesundheitsmanagement
Hermann Neuberger Sportschule 3
66123 Saarbrücken

Einsendeaufgabe

Fachmodul: Trainingslehre 3

Studiengang: BFÖ

Name, Vorname: Durrer, Manuela

Studienort: Zürich

Semester: WS15

Inhaltsverzeichnis

1 PERSONENDATEN 3

2 BEWEGLICHKEITSTESTUNG 3

   2.1   Auswertung der Testergebnisse 5

        2.1.1   Allgemeine Motivation für ein Beweglichkeitstraining 5

        2.1.2   Relevanz für die Testperson 6

3 TRAININGSPLANUNG BEWEGLICHKEITSTRAINING 6

4 TRAININGSPLANUNG KOORDINATIONSTRAINING 8

   4.1   Allgemeine Motivation für ein Beweglichkeitstraining 8

   4.2   Relevanz für die Testperson 9

5 LITERATURRECHERCHEN 11

6 LITERATURVERZEICHNIS 13

7 TABELLENVERZEICHNIS 14

1 Personendaten

Tab. 1: Personendaten und trainingsrelevante Informationen (eigene Darstellung)

Alter	28 Jahre
Geschlecht	Weiblich
Körpergröße	1.67 m
Körpergewicht	70 kg
Berufliche Tätigkeit	Büroangestellte; hauptsächlich sitzende Tätigkeit
Beschwerden des Bewegungsapparates	- Verspannungen im Nacken- und Schulterbereich - Ab und zu Rückenschmerzen in der LWS - Beim Aufschlag im Volleyball und im Tennis manchmal ein unangenehmes Ziehen in der Schulter
Vorerkrankungen; Therapien; ärztliche Behandlungen; Medikamente; sonstige gesundheitliche Einschränkungen	- Keine
Bisherige und aktuelle sportliche Erfahrungen	- Seit 4 Jahren 2-mal/Woche Volleyball-Training - Im Sommer zusätzlich 1-mal/Woche Tenniskurs - Hobbys: Volleyball, Skifahren, Tennis, Gartenarbeit
Trainingsmotivation	- Weniger Verspannungen im Nacken - Mehr Beweglichkeit in den Schultern beim Aufschlag - Bälle besser annehmen
Zeitliche Verfügbarkeit für das Training?	- 3- bis 4 mal/Woche, zeitlich flexibel
Leistungsfähigkeit; Trainingszustand	- Leistungsfähig und belastbar; für das Beweglichkeits- und Koordinationstraining geeignet; keine Einschränkungen - Erfahrene Hobbysportlerin

2 Beweglichkeitstestung

Gewählt wurde ein Testverfahren zur Beweglichkeitsdiagnostik in Anlehnung an Janda (2000). Ausgewählte Muskelgruppen (wie in Tab. 2 ersichtlich) werden hinsichtlich ihrer Funktion und Beweglichkeit getestet und semi-objektiv bewertet. Allenfalls eruierte Beweglichkeitsdefizite können so im Trainingsplan berücksichtigt werden.

Tab. 2: Testbeschreibung, Normwerte und Testergebnisse (nach Janda, 2000; eigene Darstellung)

Testmuskulatur und Ausführungsbeschreibung (nach Janda, 2000, S. 258-271)	Normwerte (nach Janda, 2000, S. 258-271) und Testergebnisse
Muskulatur: Brustmuskulatur (M. pectoralis major) **Position der Testperson:** Rückenlage am Rand der Behandlungsliege; Beine angewinkelt; Füsse aufgestellt (Beckenfixierung); Bauchmuskulatur angespannt (Fixierung der LWS); Abduktion und Aussenrotation des Armes im Schultergelenk; Beugung des Ellbogens im Winkel von 90°. **Aufgabe des Testers:** Mit der Hand leichten Zug auf Höhe des Brustmuskels der Testperson ausüben (Thoraxfixierung). Zugrichtung: Diagonal von der zu testenden Seite weg. **Messbereich:** Position des Oberarms zur Horizontalen	Stufe 0: Keine Beweglichkeitsdefizite; Oberarm erreicht die Horizontale und kann durch leichten Druck des Testers unter diese bewegt werden. Stufe 1: Leichte Beweglichkeitsdefizite: Oberarm erreicht die Horizontale nicht, kann aber durch leichten Druck des Testers bis zu dieser bewegt werden. Stufe 2: Deutliche Beweglichkeitsdefizite; Oberarm erreicht Horizontale auch durch Druck des Testers nicht. Testergebnis: 1
Muskulatur: Hüftbeugemuskulatur (M. iliopsoas) **Position der Testperson:** Rückenlage mit dem Gesäss am unteren Rand der Behandlungsliege; Beine im Überhang; Testperson zieht ein Bein angewinkelt mit den Händen zur maximalen Hüftflexion (Becken- und LWS-Stabilisation); eine Hyperlordose oder ein Abheben des Beckens sind zu vermeiden. **Aufgabe des Testers:** Eine Hand unter der LWS der Testperson positionieren und Druck darauf ausüben lassen (zusätzliche LWS-Stabilisierung). **Messbereich:** Position des Oberschenkels im Verhältnis zur Längsachse des Körpers	Stufe 0: Keine Beweglichkeitsdefizite; Oberschenkel erreicht die Horizontale und kann durch leichten Druck des Testers unter diese bewegt werden. Stufe 1: Leichte Beweglichkeitsdefizite; leichte Hüftbeugestellung; Oberschenkel kann durch leichten Druck des Testers bis zur Horizontalen bewegt werden. Stufe 2: Deutliche Beweglichkeitsdefizite; Oberschenkel erreicht Horizontale auch durch Druck des Testers nicht. Testergebnis: 0
Muskulatur: Kniestreckmuskulatur (M. rectus femoris) **Position der Testperson:** Rückenlage mit dem Gesäss am unteren Rand der Behandlungsliege; Beine im Überhang; Testperson zieht ein Bein angewinkelt mit den Händen zur maximalen Hüftflexion (Becken- und LWS-Stabilisation); eine Hyperlordose oder ein Abheben des Beckens sind zu vermeiden. **Aufgabe des Testers:** Fixieren des Gegenbeins der Testperson in maximaler Hüftextension; anschliessend das Bein in einen maximalen Kniebeugewinkel führen; keine Behinderung dieser Bewegung durch Kontakt zur Liege oder der Auflagefläche zulassen. **Messbereich:** Winkel zwischen Ober-, und Unterschenkel	Stufe 0: Keine Beweglichkeitsdefizite; Unterschenkel hängt senkrecht herab; durch leichten Druck des Testers kann die Kniebeugung vergrössert werden. Stufe 1: Leichte Beweglichkeitsdefizite; Unterschenkel bleibt leicht nach vorne gestreckt; durch leichten Druck des Testers kann der 90°-Beugewinkel erreicht werden. Stufe 2: Deutliche Beweglichkeitsdefizite; Unterschenkel bleibt deutlich nach vorne gestreckt; auch durch Druck des Testers wird der 90°-Beugewinkel nicht erreicht. Testergebnis: 0
Muskulatur: Kniebeugemuskulatur (M. ischiocrurales) **Position der Testperson:** Rückenlage mittig auf der Behandlungsliege; ein Bein angewinkelt mit Fusskontakt zur Auflage; LWS und Becken müssen fixiert bleiben, angewinkeltes Bein darf Position nicht verlassen. **Aufgabe des Testers:** Testbein wird mit gestrecktem Kniegelenk, ohne Druck auf die Patella fixiert und in die maximale Hüftflexion geführt. **Messbereich:** Winkel zwischen Beinachse und Longitudinalachse	Stufe 0: Keine Beweglichkeitsdefizite; Flexion des Hüftgelenks bis 90° möglich. Stufe 1: Leichte Beweglichkeitsdefizite; Flexion des Hüftgelenks zwischen 80°-90° möglich. Stufe 2: Deutliche Beweglichkeitsdefizite; Flexion des Hüftgelenks nur unter 80° möglich. Testergebnis: 1

Testmuskulatur und Ausführungsbeschreibung (nach Janda, 2000, S. 258-271)	Normwerte (nach Janda, 2000, S. 258-271) und Testergebnisse
Muskulatur: Wadenmuskulatur (Mm. triceps surae) **Position der Testperson:** Rückenlage mittig auf der Behandlungsliege; ein Bein angewinkelt mit Fusskontakt zur Auflage; Testbein überragt mit distaler Hälfte des Unterschenkels die Liege und bleibt gestreckt. **Aufgabe des Testers:** Distaler Griff und Zug am Fersenbein mit einer Hand; die andere Hand greift den Aussenfuss und führt gleichzeitig den Fuss – per Druck mit dem Daumen auf den äusseren Fussrand – achsengerecht zum Schienbein hin in die maximale Dorsalextension (Vermeidung von reflektorischer Anspannung). **Isolierte Testung des M. soleus:** Dieselbe Ausgangslage und Anfangsposition, jedoch wird das Kniegelenk nach Erreichung der maximalen Dorsalextension gebeugt und so durch den Tester das Bewegungsausmass im Fuss vergrössert. **Messbereich:** Ausmass der Dorsalextension (Richtwert 0°)	Stufe 0: Keine Beweglichkeitsdefizite; die Dorsalextension ist bis zur 0°-Stellung möglich. Stufe 1: Leichte Beweglichkeitsdefizite; Dorsalextension möglich, 0°-Stellung wird aber nicht erreicht. Stufe 2: Deutliche Beweglichkeitsdefizite; Dorsalextension ist nur bis minus 10° möglich. Testergebnis: 0

2.1 Auswertung der Testergebnisse

Die Testperson weist eine gute Grundbeweglichkeit auf, hat jedoch leichte Beweglichkeitsdefizite in der Brust- und Kniebeugemuskulatur, die mittels eines vielseitigeren Trainings sowie spezifischen Dehnübungen wieder ausgeglichen werden können.

2.1.1 Allgemeine Motivation für ein Beweglichkeitstraining

Ein Dehntraining kann bei regelmässiger Durchführung kurz-, mittel-, und langfristig die Beweglichkeit verbessern (Schönthaler & Ohlendorf, 2002, S. 29). Viele dem Dehntraining zugeschriebenen, gesundheitsfördernden und präventiven Effekte sind nicht empirisch bestätigt und auch die Anpassungsprozesse sind nicht gänzlich klar dargelegt. Dennoch lernt der Körper laut Schönthaler & Ohlendorf (2002, S. 51-52) seine Gelenkamplituden durch die Methoden des Dehntrainings wieder besser auszunutzen. Es geht vor allem um eine Verschiebung der Schmerzgrenze nach oben, welche sich durch ungünstige Lebens- und Haltungsgewohnheiten mit fortschreitender Zeit in den Gelenken stets früher bemerkbar macht und so ein volles Ausnutzen der Gelenkamplitude verhindert. Probleme wie z. B. Haltungsschäden, Muskeldysbalancen, verminderte Belastbarkeit der Bindegewebsstrukturen, Schmerzen oder Bewegungseinschränkungen können Folgen dieser Umstände sein (Bruckmann & Recktenwald, 2012, S 112).

2.1.2 Relevanz für die Testperson

Die im Test gemessene Hypomobilität der Brust- und Kniebeugemuskulatur sowie die von der Testperson angegebenen Nackenbeschwerden in Form von Verspannungen sind vermutlich Folgen der hauptsächlich sitzenden Tätigkeit und zu wenig Abwechslung in der Trainingsgestaltung. Der inhaltliche Schwerpunkt des in Tab.3 erläuterten Beweglichkeits-Trainingsplans richtet sich danach. Zusätzlich wird der Testperson ein Kräftigungstraining empfohlen, um einer Abschwächung der Rumpf- und Gesässmuskulatur sowie weiteren Einschränkungen vorzubeugen.

3 Trainingsplanung Beweglichkeitstraining

Belastungsgefüge:

Allgemein gibt es wenig einheitliche wissenschaftliche Aussagen über die Trainingsgestaltung und -auswirkung im Beweglichkeitstraining. Um dennoch eine fundierte Empfehlung abgeben zu können, orientiert sich der Trainingsplan in Tab.3 an den Auffassungen von Schönthaler & Ohlendorf (2002) sowie an den Empfehlungen für ein Minimal- und Optimalprogramm (nach Franco, Signorelli, Trajano & de Oliveira, 2008). Bei statischer sowie dynamischer Dehnung wird demzufolge eine Dehndauer von 45 Sekunden zu je 3-4 Sätzen als sinnvoll betrachtet. Das Minimalprogramm sieht 2-3 Trainingseinheiten pro Woche vor, während im Optimalprogramm – als einziger Unterschied – eine tägliche Durchführung des Programms vorgesehen ist.

Eine möglichst hohe Dehnintensität, bei maximal tolerierbarem Schmerz, wird wissenschaftlich als effektiver betrachtet. Es handelt sich bei der Testperson jedoch um eine Gesundheitssportlerin, weshalb die Intensität im folgenden Trainingsplan (Tab.3) unterhalb dieser Schwelle empfohlen wird.

Tab. 3: Trainingsplanung Beweglichkeitstraining (eigene Darstellung)

- **Methoden:** Dehnpluralismus (aktiv/passiv; postisometrisch; dynamisch/statisch)
- **Trainingseinheiten pro Woche:** 4
- **Serienzahl und Dehndauer:** 3 Serien à 45 Sekunden (immer beidseitig ausführen)
- **Intensität bei statischer Ausführung:** Halten im deutlich spürbaren, schmerzarmen Dehnreiz; Intensität leicht progressiv
- **Bewegungsgeschwindigkeit und Intensität bei dynamischer Ausführung:** Langsam, rhythmisch; Intensität leicht progressiv; bis zum deutlich spürbaren, schmerzarmen Dehngefühl; danach wieder lösen

Postisometrische Ausführung: Isometrische Kontraktion der Zielmuskulatur (10''); vollständige Entspannung (3''); isometrische Kontraktion in der Dehnposition mit deutlich spürbarem, schmerzarmem Dehnreiz (15''); im Wechsel ausführen

Übung	Ausführung	Begründung/Nutzen
Nr. 1: Brustmuskulatur	Aus dem Vierfüsslerstand langsam die Arme nach vorne schieben; Oberarme neben den Ohren, Blick zum Boden bei natürlicher Haltung in der Halswirbelsäule; Gesäss Richtung Ferse ziehen. **Methode: Statisch-passiv**	Dehnung der Brustmuskulatur und Streckung der Wirbelsäule; sportartunterstützend für die Testperson (Aufschlag Tennis und Volleyball); Ausgleich des Beweglichkeitsdefizits (durch dauerhaft sitzende Alltagsbelastung).
Nr. 2 Brustmuskulatur	Brustmuskulatur kontrahieren (10''); vollständig entspannen (3''); durch Anspannen der Rücken- und Schulterpartie die Arme möglichst weit nach hinten ziehen und Position halten (15''); Hohlkreuz vermeiden; lange Wirbelsäule; 3 Serien ausführen. **Methode: Postisometrisch-aktiv**	Präzise, intensive und kontrollierte Belastung in der leicht eingeschränkten Muskulatur möglich; Stärkung der Antagonisten; Ausgleich des Beweglichkeitsdefizits (durch dauerhaft sitzende Alltagsbelastung).
Nr. 3: Brustmuskulatur	Arm an eine Wand anlehnen; Ellbogen gebeugt; Oberkörper in die Gegenrichtung der Kontraktion abdrehen und wieder lösen. **Methode: Dynamisch-passiv**	Es kann eine noch grössere Amplitude im Schultergelenk erzielt werden, Entspannung und Entlastung nach der vorherigen, postisometrsichen Übung; Ausgleich des Beweglichkeitsdefizits (durch dauerhaft sitzende Alltagsbelastung).
Nr. 4 Kniebeugemuskulatur	Hüftbreiter Stand; Oberkörper nach unten hängen lassen; je nach Möglichkeit Fussspitzen oder Fussgelenk fassen und aktiv die Hüftbeugung verstärken und wieder lösen. **Methode: Dynamisch-aktiv**	Dehnung der Zielmuskulatur innerhalb einer myofaszialen Kette; zusätzliche Zugspannung auf die Bindegewebsstrukturen des Rumpfes; Ausgleich des Beweglichkeitsdefizits (durch dauerhaft sitzende Alltagsbelastung).
Nr. 5 Kniebeugemuskulatur	Aus dem Kniestand ein Bein gestreckt auf der Ferse abstellen; Wirbelsäule aufrecht und Oberkörper nach vorne neigen; Hände je nach Möglichkeit am Boden oder auf der Hüfte abgestützt; Becken bleibt fixiert. **Methode: Statisch-passiv**	Isolierte Dehnung der ischiocruralen Muskulatur; bessere Beckenfixierung als im Stand möglich; einfachere Anforderungen an das Gleichgewicht; Ausgleich des Beweglichkeitsdefizits (durch dauerhaft sitzende Alltagsbelastung).
Nr. 6 Kniebeugemuskulatur	Aus der Rückenlage mit aufgestellten Beinen ein Bein aktiv strecken und nach hinten bewegen; beidhändiger, rhythmischer Zug am hinteren Oberschenkel (unterhalb des Knies) zur maximalen Hüftgelenkflexion. **Methode: Dynamisch-aktiv** (Kniegelenk) / - **Passiv** (Zug am Oberschenkel)	Keine Gewichtsbelastung auf die Zielmuskulatur; bessere Entspannung möglich; Stärkung der Antagonisten; Ausgleich des Beweglichkeitsdefizits (durch dauerhaft sitzende Alltagsbelastung).

Übung	Ausführung	Begründung/Nutzen
Nr. 7 Kniestreckmuskulatur	Aus der Seitenlage das untere Bein anwinkeln; das andere Bein mit der Hand knapp oberhalb des Fussgelenks fassen und Richtung Gesäss ziehen. Hüfte aktiv leicht nach vorne kippen um den Zug zu verstärken. **Methode: Statisch-aktiv** (Hüftgelenkextension) / **-passiv** (Zug am Oberschenkel)	Keine Gewichtsbelastung auf die Zielmuskulatur, da dies ein mehrgelenkinger Muskel ist wird eine funktionelle Stellung der beteiligten Gelenke angestrebt; Ebenfalls kann die unerwünschte Beteiligung von Muskeln wie dem vorderen Schienbeinmuskel limitiert werden; Vorbeugung von Beweglichkeitsdefiziten (durch dauerhaft sitzende Alltagsbelastung).
Nr. 8 Hüftbeugemuskulatur	Kniestand mit einem Bein angewinkelt; Schultern gesetzt und Rücken gerade; Hände ruhen auf dem vorderen Knie; langsam die Hüfte vorschieben und wieder lösen. **Methode: Dynamisch-passiv**	Spezifische Ansteuerung des Iliopsoas möglich; Dosierung der Dynamik mit kleiner Anforderung an das Gleichgewicht möglich; Vorbeugung von Beweglichkeitsdefiziten (durch dauerhaft sitzende Alltagsbelastung).
Nr.9 Wadenmuskulatur	Hüftbreiter Stand auf dem Stepper; im Zehenspitzenstand die Wadenmuskulatur kontrahieren (10"); vollständige Entspannung (3"); die Fersen über den Rand des Steppers langsam absenken und währenddessen halten (15"); 3 Serien ausführen. **Methode: Postisometrisch-passiv**	Stärkung der Antagonisten; einfach herzustellender Zug und gute Kontrolle durch Schwerkraft und Körpergewicht; Vorbeugung von Beweglichkeitsdefiziten (durch dauerhaft sitzende Alltagsbelastung).
Nr. 10 Nacken	Hüftbreiter Stand; lange Wirbelsäule; Schulterblatt durch aktiven Zug des Arms nach unten senken; Kopf ohne Rotation oder Komprimierung der Halswirbelsäule zur Seite neigen; mit der anderen Hand leichten Zug auf den Kopf ausüben. **Methode: Statisch-aktiv** (Schulterblattdepression) / **-passiv** (Zug am Kopf)	Verminderung von Verspannungen; Stärkung der Antagonisten; Vorbeugung von Beweglichkeitsdefiziten (durch dauerhaft sitzende Alltagsbelastung).

4 Trainingsplanung Koordinationstraining

4.1 Allgemeine Motivation für ein Beweglichkeitstraining

Um eine Bewegung neu und schnell zu erlernen (intermuskulär) sowie für deren ökonomische Ausführung (intramuskulär; weniger Energieaufwand für bessere Leistungsfähigkeit), bedarf es einer guten Koordinationsfähigkeit (Chwilkowski, 2006, S.9). Sie wird in unterschiedlichem Ausmasse genutzt, ist jedoch bei allen Bewegungen von zentraler Bedeutung, und unterstützt auch die Entwicklung der anderen motorischen Fähigkeiten. Beim Koordiantionstraining lernt das zentrale Nervensystem gezielt die Zusammenarbeit mit der Skelettmuskulatur als Ganzes bis in die Muskelfaser selbst.

Die Folgen davon sind eine bessere Körperhaltung und -wahrnehmung, verbesserte Bewegungsökonomie und -abläufe, sowie eine sportartspezifische Leistungssteigerung (Hollmann & Hettinger, 2000, S. 143).

4.2 Relevanz für die Testperson

Im Ballsport haben innerhalb der koordinativen Fähigkeiten die Gleichgewichts-, aber auch die Differenzierungsfähigkeit einen hohen Stellenwert. Durch diese Fähigkeiten, auf die im Trainingsplan für Koordinationstraining der Schwerpunkt gesetzt wird, wird z. B. das Ballgefühl verbessert oder ein kontrollierteres Bewegen im Raum ermöglicht, was der Testperson bei der Ausübung ihrer Hobbys zugutekommt. Auch weitere koordinative Fähigkeiten wie Orientierung und Reaktion sind als weitere wichtige Komponenten im Trainingsplan enthalten. Die Übungen sind von einfach nach schwer aufgebaut und im Verlauf mit Elementen wie Zeitdruck, Präzisionsdruck und anderen Störungen erweitert: „Damit sich der menschliche Körper im Gleichgewicht befindet, müssen die Muskeln Kräfte aufbringen, die der Schwerkraft und sonstigen von außen angreifenden Kräften entgegenwirken" (Kramer, Dettmers & Gruber, 2013, S. 27). Die Ballübungen kann die Testperson auch im Rahmen ihres Vereins oder vor dem Tennisspiel durchführen.

Tab. 4: Trainingsplanung Koordination (eigene Darstellung)

• **Trainingseinheiten pro Woche: 4**		
• **Trainingsdauer:** ca. 22 Minuten; inklusive Pausen		
• **Belastungsgefüge bei jeder Übung einzeln vermerkt**		

Übung	Ausführung	Begründung/Nutzen
Nr. 1 • Statisches Gleichgewicht • Organisation	Einbeinstand auf dem Balance Dome (Kuppel nach unten); gleichzeitig einen Ball nach oben werfen und wieder auffangen; 40 Sekunden pro Seite; je zwei Ausführungen pro Seite.	Erhöhter koordinativer Anspruch; stabile Körperposition muss gewahrt werden.
Nr. 2 • Dynamisches Gleichgewicht • Belastung	Balance Dome (Kuppel nach oben) und Balance Pad im Abstand von ca. 1 m aufstellen. Einbeinig während 30 Sekunden hin und her springen; den Sprung einseitig zur halben Kniebeuge gut abfedern und ausbalancieren bevor der nächste Sprung kommt; Seite wechseln; pro Seite 2 Durchgänge.	Der Schwerpunkt des Körpers wird stets verlagert; durch die Stabilisierungspause und die Kniebeugung muss das Gleichgewicht immer wieder neu gefunden werden.

Übung	Ausführung	Begründung/Nutzen
Nr. 3 • Differenzierung • Rhythmisierung • Präzision	Doppelprellen mit zwei verschiedenen Bällen (Volley- und Tennisball) im Sekundentakt. Während 25 Sekunden zuerst rhythmisch abwechslungsweise, dann 20 Sekunden gleichzeitig im selben Takt; dann die Bälle zur anderen Hand tauschen; je zweimal pro Seite.	Die unterschiedlichen Prelleigenschaften der Bälle fordern und fördern das Ballgefühl; zusätzliche Anforderung an die Koordination durch die zeitliche und rhythmische Vorgabe.
Übung	Ausführung	Begründung/Nutzen
Nr. 4 • Orientierung • Präzision	Eine 8 m lange Bodenlinie hinsichtlich des Verlaufs und der Länge während 10 Sekunden einprägen; dann mit geschlossenen Augen der Strecke folgen und beim vermuteten Ende stehenbleiben. Differenzen zur Länge sowie des Verlaufs möglichst klein halten.	Verbessert die Propriozeption durch Ausschalten des Sehsinns; bewusste räumliche Wahrnehmung; wichtig für ihre Hobbys
Nr. 5 • Differenzierung • Zeitdruck	Zwei Tennisbälle werden ohne Unterbruch an die Wand geprellt. Es sollen möglichst schnell 60 Prellversuche ohne Ballverlust gemacht werden.	Die beidseitige Ausführung stellt eine hohe Anforderung an die Koordination, da eine Seite immer etwas schwächer ist. Verbessert auch das Ballgefühl.
Nr. 6 • Differenzierung • Präzision	Auf einer 8 m langen Bodenlinie gehen und einen Ball prellen, Füsse und Ball berühren stets die Linie; vorwärts und rückwärts ausführen; je 5-mal; Hand wechseln.	Es muss nicht nur auf den Ball, sondern auch auf den eigenen Körper geachtet werden; sportartspezifisch für die Testperson.
Nr.: 7 • Orientierung • Reaktion • Akustisches Signal • Zeitdruck	Mit dem Rücken in genügend Abstand zur Wand stehen und einen Ball über den Kopf nach hinten werfen, so dass der Ball nach dem Abprall den Boden berührt; beim Geräusch des Aufpralls umdrehen und versuchen den Ball aufzufangen, in 60 Sekunden möglichst viele Bälle abfangen.	Der Höhrsinn wird als erstes eingeschaltet, danach der Sehsinn; Reaktion und Konzentration werden gefördert; beides ist wichtig für den Sport der Testperson.
Nr. 8: • Dynamisches und statisches Gleichgewicht	Auf dem Sypoba während 60 Sekunden in einer halben Kniebeuge kontrolliert von links nach rechts gleiten; auf jeder Seite wird während 3 Sekunden eine möglichst bewegungsarme Pause gemacht; 2 Durchgänge mit 30 Sekunden Pause dazwischen.	Rumpf- und Gelenkstabilisation; zusätzliche Kräftigung der Muskulatur (Rumpf und untere Extremitäten); ständige Verlagerung des Körperschwerpunkts und Neuausrichtung des Gleichgewichts.
Nr. 9: • Statisches Gleichgewicht • Belastung	Standwaage mit Flexstab: Standwaageposition einnehmen; nach 15 Sekunden den Flexstab mit gestrecktem Arm (seitengleich zum Standbein) in der Waagrechten nach vorne halten und in eine leichte Schwingung versetzen. 30 Sekunden ausführen, dann Seite wechseln; pro Seite zweimal.	Aktiviert und kräftigt zahlreiche Muskeln; fördert die Rumpfstabilisation; durch die Schwingung des Flexstabs als Störfaktor muss das Gleichgewicht ständig gesucht werden.
Nr. 10: • Differenzierung • Kopplung • Rhythmisierung • Komplexität	Im Vierertakt mit den Füssen: „Zehenspitze links→Zehenspitze rechts" dann „Ferse links→Ferse rechts" ausführen; sobald dies gut gelingt, kommen die Arme im Dreiertakt hinzu: „touch Hüfte→touch Schulter (überkreuzt)"→"Arme nach oben strecken"; während 2 Minuten ausführen.	Vereint diverse Aspekte der Koordinativen Fähigkeiten; verbessert die Körperwahrnehmung und die Konzentration.

5 Literaturrecherchen

Es wurden zwei Recherchen zum Thema „Effekte des Dehnens im Hinblick auf die Verbesserung der sportlichen Leistungsfähigkeit" durchgeführt und in Tab. 7 und Tab. 8 dargestellt.

Tab. 5: Recherche 1 (eigene Darstellung)

Name der Studie; Durchführungsjahr	Autoren
Effects of differing intensities of static stretching on jump performance; 2007	David G. Brehm, Armin Kiebele
Versuchspersonen	
Zehn nicht weiter spezifizierte Teilnehmende	
Versuchsaufbau	
Es sollte anhand der mehrfach gemessenen Sprunghöhe der Teilnehmer getestet werden, ob die leistungsmindernden Auswirkungen von statischen Dehnungsübungen bei submaximalen Intensitäten gleich leistungsmindernd ausfallen, wie es in diversen Studien bei statischen Dehnungen an der Schmerzgrenze (maximal) aufgezeigt wurde: - Um die Bewegungsamplitude zu beurteilen, führten die Teilnehmer bei der Voruntersuchung drei verschiedene Dehnungsübungen zu je zwei Sätzen, gefolgt von zwei Sätzen à je fünf verschiedenen Sprungtypen durch (Messung der Sprunghöhe). - Nach der Voruntersuchung dehnten die Teilnehmer während 30 Sekunden den Quadrizeps, die ischiocrurale Muskulatur und die Plantarflexoren in vier Sätzen mit je 30 Sekunden Pause. - Die Intensitäten wurden dabei auf 100% (maximal), 75%(submaximal) und 50% (submaxial) der Schmerzgrenze angesetzt, des Weiteren gab es eine Kontrollgruppe. - Fünf Minuten nach den Dehnungsübungen oder den Kontrollbedingungen wurden die Sprünge aus der Voruntersuchung wiederholt und es wurde wiederum die Sprunghöhe gemessen.	
Ergebnisse/ Schlussfolgerungen	
Im Rahmen dieser Studie beeinträchtigte die Durchführung aller drei Dehnungsintensitäten die fünf unterschiedlichen Sprungtypen signifikant. Die Messungen der Sprunghöhe ergaben Verringerungen von 3.6%, 3.8%, 4.6%, 5.4% beziehungsweise 5.7%. In diesem Ausmass durchgeführte, maximale wie submaximale Dehnungsübungen, beeinträchtigen demnach die Leistungsergebnisse bei einer Vielzahl von Sprungtypen negativ. Basierend auf früheren Forschungsergebnissen wird vermutet, dass dies mit der Compliance (Dehnbarkeit) der Muskulatur zu tun hat.	

Tab. 6: Recherche 2 (eigene Darstellung)

Name der Studie; Durchführungsjahr	Autoren
Static stretching impairs sprint performance in collegiate track and field athletes; 2008	Jason B. Winchester, Arnold G. Nelson, Dennis Landin, Michael A. Young, Irving C. Schexnayder

Versuchspersonen

Je elf weibliche und elf männliche, durchschnittlich 20-jährige Athleten der hoch talentierten 1. Division des Leichtathletik-Teams der NCAA (National Collegiate Athletic Association). Alle Teilnehmende waren bezüglich der in der Studie durchgeführten Performance-Methode und des Zeitmessungssystems sehr erfahren. Von einer Kontrollgruppe wurde wegen des Verletzungsrisikos abgesehen.

Versuchsaufbau

Es sollte evaluiert werden, inwiefern sich die in früheren Studien bestätigte, schädliche Wirkung eines passiv-statischen Stretchingprogrammes (SS), auf die Leistungsfähigkeit der Athleten auswirkt und ob dieses die leistungssteigernden Effekte eines dynamischen Aufwärmprogrammes (DW) wirkungslos macht.

Alle Athleten führten an zwei Messtagen im einwöchigen Abstand ein DW durch. In der Praxis hat sich bei einem DW bereits eine leistungsverbessernde Wirkung bei Aktivitäten wie einem Sprint, welche den Dehnungs-Verkürzungs-Zyklus der Muskulatur beanspruchen, gezeigt.

Ein Teil der Probanden ruhte sich im Anschluss aus (NS-Gruppe), während der andere Teil (SS-Gruppe) im Rahmen eines 10-minütigen SS zusätzlich vier Übungen im folgenden Umfang durchführte:
- Vier Übungen für die unteren Extremitäten in Form eines Zyklustrainings zu je 3 Sätzen mit progressiver Bewegungsamplitude;
- halten der Dehnung an der Schmerzgrenze während 30 Sekunden;
- Pausenzeit 10-20 Sekunden.

Im Anschluss an die Ruhephase bzw. das SS absolvierte jeder Athlet je drei 40 m-Sprints, mit einer mindestens fünfminütigen Pause dazwischen. Gemessen wurde die Zeit bei 0-20 m, 20-40 m und 0-40 m.

Ergebnisse/ Schlussfolgerungen

Die NS-Gruppe war bei den 20-40 m mit 2.38 Sekunden und 5.6 Sekunden bei den gesamten 40 m gegenüber der SS-Gruppe mit 2.41 m bzw. 5.7 Sekunden deutlich die Schnellere. Die Ergebnisse dieser Studie legen nahe, dass die Durchführung eines SS nach einem DW auf die Sprintleistung bei Leichtathletik-Athleten leistungsmindernd wirkt.

6 Literaturverzeichnis

Brehm, D. C. & Kibele, A. (2007). Effects of differing intensities of static stretching on jump performance. *European Journal of Applied Physiology, 101* (5), 587-594.

Bruckmann, K. & Recktenwald, H. D. (2002). *Schulbuch Sport: Ein Arbeitsbuch für Schülerinnen und Schüler der Sekundarstufe I und II.*

Chwilkowski, C. (2006). *Medizinisches Koordinationstraining – Verbesserung der Haltungs- und Bewegungskoordination durch Propriozeption* (2. Aufl.). Köln: Deutscher Trainer Verlag. Achen: Meyer & Meyer.

Franco, B. L., Signorelli, G. R., Trajano, G. S. & de Oliveira, C. (2008). Acute effects of different stretching exercises on muscular endurance. *Journal of Strength and Conditioning Research, 22* (6), 1832-1837.

Hollmann, W. & Hettinger, T. (2000). Sportmedizin. *Grundlagen für Arbeit Training und Präventivmedizin* (4. Aufl). Stuttgart: Schattauer.

Janda, V. (2000). *Manuelle Muskelfunktionsdiagnostik* (4. Aufl.). München: Urban und Fischer.

Kramer, A., Dettmers, C. & Gruber, M. (2013). Gleichgewichtstraining in der neurologischen Rehabilitation. *Neurologie & Rehabilitation, 19* (1), 27–34.

Schönthaler, S. R. & Ohlendorf, K. (2002). *Biomechanische und neurophysiologische Veränderungen nach ein- und mehrfach seriellem passiv-statischem Beweglichkeitstraining.* Köln: Sport und Buch Strauss.

Winchester, J. B., Nelson A. G., Landin, D. & Schexnayder, I. C. (2008). Static Stretching Impairs Sprint Performance in Collegiate Track and Field Athletes. *Journal of Strength and Conditioning Research 22* (1), 13–18.

7 Tabellenverzeichnis

Tab. 1: Personendaten und trainingsrelevante Informationen (eigene Darstellung) 3

Tab. 2: Testbeschreibung, Normwerte und Testergebnisse (nach Janda, 2000; eigene Darstellung) 4

Tab. 3: Trainingsplanung Beweglichkeitstraining (eigene Darstellung) 7

Tab. 5: Trainingsplanung Koordination (eigene Darstellung) 9

Tab. 7: Recherche 1 (eigene Darstellung) 11

Tab. 8: Recherche 2 (eigene Darstellung) 12

BEI GRIN MACHT SICH IHR WISSEN BEZAHLT

- Wir veröffentlichen Ihre Hausarbeit, Bachelor- und Masterarbeit

- Ihr eigenes eBook und Buch - weltweit in allen wichtigen Shops

- Verdienen Sie an jedem Verkauf

Jetzt bei www.GRIN.com hochladen und kostenlos publizieren